O PROPÓSITO

UM TOQUE DE LUZ NO SEU DIA

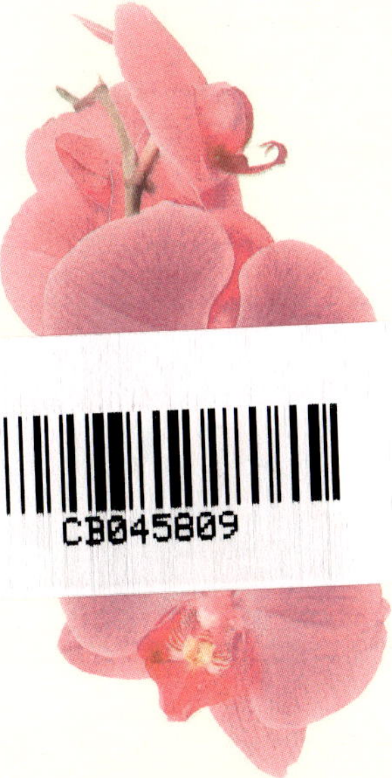

Márcia Tejo

Copyright© 2023 by Literare Books International
Todos os direitos desta edição são reservados à Literare Books International.

Presidente:
Mauricio Sita

Vice-presidente:
Alessandra Ksenhuck

Diretora executiva:
Julyana Rosa

Diretora de projetos:
Gleide Santos

Relacionamento com o cliente:
Claudia Pires

Capa, projeto gráfico e diagramação:
Fabiano Martins

Revisão:
Rodrigo Rainho

Impressão:
Gráfica Impress

Dados Internacionais de Catalogação na Publicação (CIP)
(eDOC BRASIL, Belo Horizonte/MG)

T266t Tejo, Márcia.
Um toque de luz no seu dia / Márcia Tejo. – São Paulo, SP: Literare Books International, 2023.
10 x 15 cm

ISBN 978-65-5922-346-6

1. Autoestima. 2. Mensagens. 3. Pensamentos. I. Título.
CDD 158.1

Elaborado por Maurício Amormino Júnior – CRB6/2422

Literare Books International.
Rua Antônio Augusto Covello, 472 – Vila Mariana – São Paulo, SP.
CEP 01550-060
Fone: +55 (0**11) 2659-0968
site: www.literarebooks.com.br
e-mail: literare@literarebooks.com.br

 Márcia Tejo

Meu nome é **Márcia L. Tejo**.
Sou brasileira, mãe, empresária, coach, apaixonada por ajudar e auxiliar pessoas.

Ao longo dos últimos anos, venho desenvolvendo alguns projetos voltados ao bem-estar da mulher, exercendo um trabalho de mentoria no tocante à autoestima, amor-próprio, desenvolvimento de habilidades e talentos até então não identificados.

Também na orientação de jovens na escolha de carreira e ingresso no mercado de trabalho.

Ingressei em minha carreira muito jovem, embasada neste trabalho, porque acredito que o ser humano é capaz de grandes realizações e estímulos.

**As pessoas não imaginam
o que são capazes de fazer e transformar.**

Meu intuito ao preparar esta obra (livro de cabeceira) é estimular o potencial que existe dentro de cada um de nós, embasado no despertar de um olhar altamente positivo e transformador.

Quero contribuir com esse despertar propagando o bem sem olhar a quem, a esperança, o amor, a solidariedade, a fé entre os povos para que as pessoas possam transformar-se e serem mais realizadas em todos os aspectos de suas vidas.

A vida passa muito rápido!
Que todos nós possamos **SER**
muito mais do que qualquer outra coisa.

SER luz na vida das pessoas que passam por nós
e deixar um legado forte e que perpetue
nesta e nas gerações vindouras.

Márcia Tejo

 Márcia Tejo

Que tudo o que for de melhor...
...dê um jeito de chegar até você
e permanecer na sua vida!

Dia 1/365

Que nada
nos tire o encanto pela vida
e a importância das
coisas simples!

 Márcia Tejo

A magia da vida está
na simplicidade das coisas!

Dia 4/365

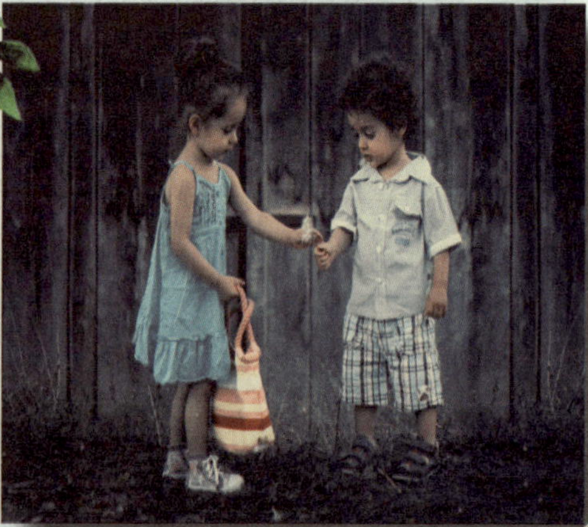

Que possamos
      nos preocupar
            em SER...
...muito mais
      do que ter!

 Márcia Tejo

Se um pouco de perfume sempre fica nas mãos de quem oferece flores...
...imagine o que acontece com quem oferece amor!

Dia 6/365

Márcia Tejo

A vida fica mais leve
e agradável...

...com pequenos gestos
de carinho!

Que possamos apreciar...

...os pequenos detalhes e as coisas mais simples da vida!

Dia 8/365

Márcia Tejo

Que seja intenso e leve o brilho deste dia...

...e que as mais belas energias possam te contagiar!

Seja paciente!

Paciência é o intervalo entre a semente e a flor.

Dia 10/365

A fé não torna
as coisas mais fáceis...

... A fé torna as coisas
possíveis!!!

As flores de amanhã nascem das sementes que plantamos hoje!

Dia 11/365

Dia 12/365

A vida é um momento, um sopro...

Só levamos o amor que damos e recebemos...

Por este motivo, seja mais leve!

Observe e reflita!
Existem milagres por toda parte!

O brilho da vida é o reflexo dos nossos sonhos!

Doe amor...
e o Universo te devolverá gratidão!

Dia 15/365

Acredite!
A vida muda quando você muda!

Dia 16/365

Deixe que a vida faça com você,

o que a primavera faz com as flores!

É o inesperado que surpreendentemente muda nossas vidas!

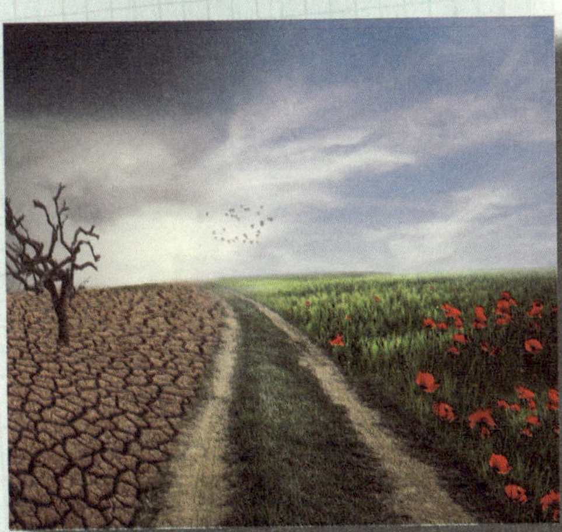

A vida é um quadro em branco...

Cabe a cada um de nós
fazer dela uma obra-prima.

Pense nisso!

Grandes transformações acontecem de dentro para fora!

Dia 21/365

Sejamos gratos às pessoas
que nos fazem felizes...

Elas plantam flores
em nossa alma!

A vida é mais doce para quem carrega amor no coração!

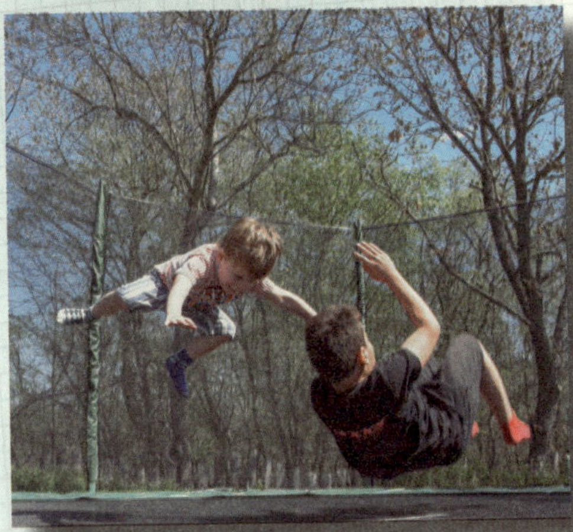

Dia 22/365

Dia 23/36

Acredite!

Crescer é um processo.

Tudo na vida se renova!

 Márcia Tejo

Gratidão é uma carta de amor que enviamos ao universo!
A propósito, você já agradeceu hoje ?

Aceitar os desafios que a vida te impõe é sinônimo de crescimento!

Onde vive o amor

não existem diferenças!

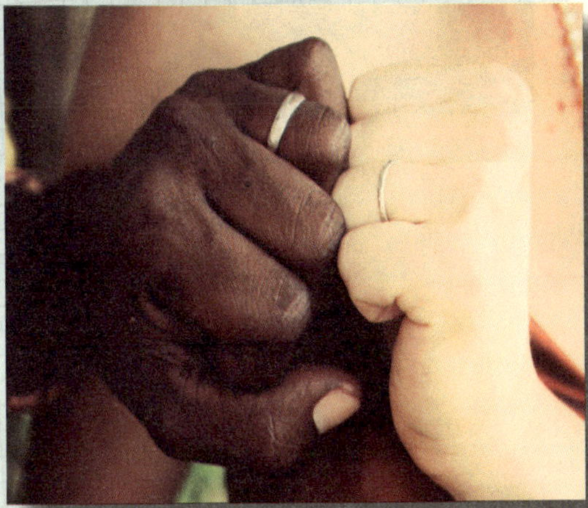

Algumas coisas não precisam fazer sentido...

...Basta valerem a pena!

Transforme-se na primeira edição que você já escreveu!

Quem planta fé...

...Colhe milagres!!!

Sonhe, Acredite, Dedique-se...

...E REALIZE!

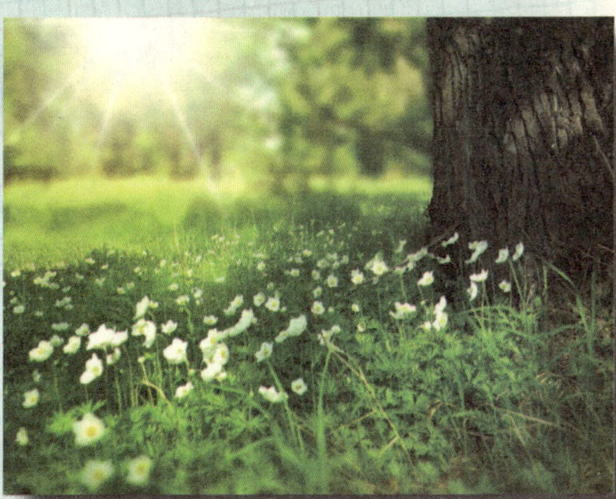

Dia 30/365

Dia 31/36

Márcia Tejo

Que a gratidão e a alegria sejam nosso primeiro abraço desta manhã!

Acredite! Existe um mundo mágico fora da sua zona de conforto!

Dia 32/365

Quem olha para fora, sonha!
Quem olha para dentro, desperta!

Desperte o gigante que existe dentro de você!

Márcia Tejo

Tudo retorna para nós.
Pratique boas ações, diga boas palavras
e vibre nas boas intenções!

Dia 35/36

Márcia Tejo

A alegria da vida

    está dentro

        de cada um de nós!

Márcia Tejo

Pare de procurar as riquezas
do mundo . . .
. . . A maior riqueza está
dentro de você!

Que seja doce o que ficar.

E que seja breve
o que tiver que ir!

Márcia Tejo

Comece seu dia com:
o coração tranquilo, a alma leve,
sorriso no rosto!

Márcia Tejo

Dia 39/365

A vida pode ser maravilhosa se você a olhar de frente com positivismo!

Márcia Tejo

Dizem que tudo na vida acontece
por uma razão . . .
. . . Pois, que essa razão seja o motivo
da sua felicidade!

Dia 41/365

Marcia Tejo

A natureza
 é a beleza que colore
  a vida com pureza!

Aprecie a vida como ela é.
E se surpreenda!

Dia 43/365

Márcia Tejo

A vida requer leveza e simplicidade!

Márcia Tejo

Seja a flor que perfuma
o jardim de outras pessoas!

Dia 44/365

Dia 45/365

Marcia Tejo

A vida
não dá presentes...

...distribui
merecimentos!

Márcia Tejo

Comece seu dia com gratidão
e sinta a diferença!

Dia 46/365

Alma de flor
transborda amor!

Dia 47/365

Dia 48/365

Márcia Tejo

Cada um

transborda

o que tem

dentro de si!

Márcia Tejo

Se você quer um jardim florido, cuide dos pequenos detalhes diariamente!

Dia 49/365

Dia 50/365

Marcia Tejo

Toda mudança interior reflete em uma mudança exterior!

Márcia Tejo

Que seu dia seja regado de
paz, luz, alegrias e
muita gratidão...

Dia 51/365

Dia 52/365

Saiba apreciar cada
detalhe da vida...

...São eles que fazem
da vida uma imensidão.

Márcia Tejo

Com calma e paciência, de repente tudo acontece!

Dia 53/365

Dia 54/365

Márcia Tejo

Nenhum de nós é igual,
mas, juntos,
formamos um
lindo jardim.

Márcia Tejo

A beleza da vida depende da doçura da nossa mente!

Dia 55/365

Dia 56/36

Márcia Tejo

Aceitar os desafios
que a vida te impõe
é sinônimo de
crescimento!

Márcia Tejo

Ame a vida e ela te devolverá muito mais amor!

Dia 57/365

Dia 58/365

Que o amor e a paz

sejam prioridades

em sua vida!

Márcia Tejo

O tamanho da distância
não diminui
o tamanho da importância!

Dia 59/365

Dia 60/365

Márcia Tejo

Lembre-se:

Grandes construções
 são feitas de
  pequenos tijolinhos
   no dia a dia!

Márcia Tejo

Ter fé nos faz:
*Crer no incrível, Ver o invisível
e Realizar o impossível!*

Dia 62/365

Márcia Tejo

Que as surpresas desse dia sejam...

...únicas e inesquecíveis!

Márcia Tejo

Passe pela vida crescendo através dela!

Dia 63/365

Dia 64/365

Márcia Tejo

As flores do amanhã

   nascem das sementes...

...Que você planta hoje!

Márcia Tejo

Recomece... Reconstrua... Reinvente-se

Dia 65/365

Que cresçam flores no seu deserto interior!

Dia 66/365

Dia 67/365

A transformação
que você quer
alcançar...

...começa
dentro de você!

Márcia Tejo

Enxergue suas qualidades
e descobrirá o quão especial você é!

Dia 68/365

Dia 69/365

Se rega por dentro
para colher os girassóis
da alma!

Márcia Tejo

Tenha sempre em mente que;
Se NÃO plantamos, NÃO nasce...
Se NÃO regamos, NÃO cresce...

Dia 71/365

A vida nos dá surpresas...

...e as surpresas nos dão vida!

Márcia Tejo

Que as coisas boas se multipliquem...

...para você, para o próximo

e para o nosso planeta!

Tenha fé!

Quem acredita

sempre alcança!

Márcia Tejo

A vida passa muito rápido...
Lute com determinação
e abrace a vida com paixão!

Ofereça o seu melhor...

...e a vida
irá te retribuir sempre!

Márcia Tejo

O brilho da vida é o reflexo dos nossos sonhos!

Dia 76/365

Dia 77

A primeira revolução...

...é aquela que começa
dentro de
cada um de nós!

Márcia Tejo

Que suas palavras, sentimentos e ações sejam inspirados pelo bem, pelo amor e pela paz!

Dia 79/3

Marcia Tejo

SER LEVE...

...é carregar bons sentimentos na alma!

Márcia Tejo

O melhor perfume sempre será aquele que nosso coração possa sentir!

Dia 80/365

Dia 81/365

Mais importante

do que sonhar,

    é nunca desistir

        de realizar!

Márcia Tejo

Acredite em você!
Você é muito mais forte
do que pode imaginar!

Dia 82/365

Dia 83/36

Márcia Tejo

Todos os nossos sonhos
podem se tornar realidade...

...se nós tivermos
coragem de persegui-los!

Márcia Tejo

Felicidade
não se encontra,
"SE FAZ"!

Dia 84/365

Dia 85/365

Márcia Tejo

Descubra a alegria de viver nas coisas simples da vida!

Márcia Tejo

Dificuldades preparam pessoas comuns para destinos extraordinários!

Dia 86/365

Dia 87/365

Márcia Tejo

Grandes vitórias exigem grande dedicação!

Juntos somos mais fortes!

Márcia Tejo

Lembre-se:

Bons momentos atraem acontecimentos magníficos!

Dia 88/365

Dia 89/365

Márcia Tejo

Onde há amor,

   todas as coisas mudam

      para melhor!

Márcia Tejo

Ao acender uma luz na vida
de alguém...
...você acaba iluminando o próprio
caminho!

Quando fazemos da união nosso principal objetivo...

...Vencer se torna bem mais fácil!

Márcia Tejo

As coisas boas da vida
a gente não vê,
a gente "sente"!

Dia 92/365

Dia 93/365

Márcia Tejo

Quando somos bons para os outros...

...somos ainda melhores para nós!

Márcia Tejo

Seja a pessoa que você gostaria de amar para sempre!

Dia 94/365

Dia 95/365

Márcia Tejo

O mundo muda
quando você
decide mudar!

Márcia Tejo

Acorde todos os dias com um bom motivo para fazer do seu dia *"um dia espetacular"!*

Dia 96/365

Dia 97/365

Márcia Tejo

Foco no objetivo,
força na determinação e

fé para vencer
os obstáculos da vida!

Márcia Tejo

O topo do mundo começa na base
do seu sonho mais lindo!
Sonhos podem transformar-se
em realidade!

Que seja doce seu dia,
sua vida e a pureza
da sua alma!

Márcia Tejo

Nunca é tarde demais para você estabelecer novos objetivos.

Acredite em você!

Dia 100/365

Dia 101/36

Marcia Tejo

O amor é o único esporte que não se suspende por falta de luz...

...*Pratique esse esporte!*

Márcia Tejo

Ser criança...

É ter o dom de cativar, com a pureza e a sinceridade do coração!

Dia 102/365

A criança é...

A esperança para um futuro melhor, o sorriso do mundo e a alegria da vida!

Márcia Tejo

O sentimento de felicidade
é derivado da pureza da alma!

Dia 104/365

Dia 105/3

Márcia Tejo

Não devemos
adiar nossa felicidade.

"Permita-se ser feliz"!

Márcia Tejo

Para se destacar e ter sucesso,
não seja diferente...
"Seja excelente"!

A pureza e a inocência
das crianças...

é o que mais se aproxima
do amor verdadeiro!

Márcia Tejo

Para enxergar a beleza da vida,
não precisamos de espelho!

Dia 108/365

Dia 109/3

Marcia Tejo

Que seja doce seu dia,
sua vida e a pureza
da sua alma!

Márcia Tejo

A persistência é o caminho do êxito!

Dia 110/365

Dia 111/3

Márcia Tejo

Que o vento leve o necessário e traga o suficiente para sua vida!

Márcia Tejo

Ofereça o seu melhor
e a vida irá te retribuir sempre!

Dia 112/365

Dia 113/366

Márcia Tejo

Cada momento

tem o seu valor,

viva a vida com vida!

Márcia Tejo

Quando você deseja o bem,
o bem te deseja também!

Um gesto de afeto
pode transformar
o dia inteiro de alguém.

Pense nisso!

Márcia Tejo

Toda conquista começa
com a decisão de tentar!

Dia 116/365

Dia 117/36

Márcia Tejo

Não passe pela vida...

Cresça através dela!

Márcia Tejo

Um mundo diferente não pode ser construído por pessoas indiferentes. *Seja uma pessoa especial!*

Dia 118/365

A vida não tem que ser perfeita...

Só tem que ser vivida!

Márcia Tejo

A beleza mais importante
é aquela que não se pode ver!

Dia 120/365

Dia 121/36

Não procure
as riquezas fora...

A maior riqueza
está dentro de cada um
de nós!

Márcia Tejo

Felicidade...

é ver o sol nascer dentro de você!

Dia 122/365

Dia 123/36

Márcia Tejo

A beleza da vida não está nas grandes conquistas...

...mas na intensidade dos pequenos momentos!

Márcia Tejo

Comece agora!
Não espere pela coragem!
Ela te encontra durante o caminho!

Dia 124/365

Dia 125/365

Márcia Tejo

A sós ninguém está sozinho...

É caminhando que se faz o caminho!

Márcia Tejo

Todos os nossos sonhos podem se tornar realidade, se nós tivermos coragem de persegui-los!

Dia 126/365

Dia 127/365

Márcia Tejo

É na simplicidade que se encontra o essencial!

Márcia Tejo

Quando o nosso coração é de sol,
toda estação é verão!

Dia 128/365

Coisas boas acontecem
para quem não perde
o foco e a fé!

Márcia Tejo

O sabor da vida depende
de quem a tempera...

Dia 130/365

Dia 131/36

Foco no objetivo,

força para lutar e

fé para vencer!

Márcia Tejo

A beleza da vida depende da doçura da nossa mente!

Dia 132/365

Dia 133/36

Márcia Tejo

O legal é que nenhum de nós é igual, mas juntos somos capazes de fazer uma "GRANDE" diferença...

Márcia Tejo

Comece agora!
Não espere pela coragem,
ela te encontra durante o caminho!

Dia 134/365

Dia 135/36

Grandes conquistas começam com pequenos passos...

O importante é começar!

Márcia Tejo

Toda conquista
começa com a decisão de tentar,
seja seu próprio incentivo!

Márcia Tejo

O ser humano tem muita coisa boa
dentro de si...

Há pessoas que nos salvam
sem perceber...

Por amor, por amizade,
por simplesmente querer bem!

Márcia Tejo

Que todos os dias sejam ensolarados dentro de cada um de nós!

Dia 138/365

O mundo fica mais lindo quando a gente carrega boas energias no coração...

Respire, relaxe, agradeça
e receba as melhores
vibrações!

Márcia Tejo

A vida é mais doce para quem carrega amor no coração!

Dia 140/365

Dia 141/

Márcia Tejo

Não é porque as coisas são difíceis
que nós não ousamos...

...é porque não ousamos
que elas se tornam difíceis!

Márcia Tejo

A vida passa muito rápido, saibamos;
- Lutar com determinação;
- Abraçar a vida com paixão;
- Perdoar de coração;
- Saber perder com classe;
- Torcer pelas vitórias dos outros.

E vencer com ousadia porque o triunfo está nas mãos de quem se atreve!

Que possamos relembrar sempre que a paz vem de dentro de cada um de nós e portanto...

...não adianta buscarmos fora!

Márcia Tejo

Que as energias do amor, da paz e da felicidade cheguem até você e te acompanhem por todo o dia!

Dizem que a vida é um sopro!
Sendo assim,
desejo que a nossa vida
possa ser um sopro de luz
iluminando os caminhamos
por onde passarmos!

Márcia Tejo

Às vezes, uma palavra amável
é o suficiente para ajudar alguém
desabrochar como uma flor!

Dia 146/365

Dia 147/36

Marcia Tejo

Foco e fé

    naquilo que queremos

        porque...

"Já deu certo"!

Márcia Tejo

Que cada amanhecer, à luz do bem, te mostre os melhores caminhos!

Dia 148/365

Que você não perca o foco nos seus propósitos, pois tudo o que focamos cresce...

e tudo que esquecemos desaparece!

Márcia Tejo

A vida tem "cor viva". Que a gente se permita colorir a vida com as mais belas cores do arco-íris!

Dia 151/365

Não desista!

As montanhas da vida existem para que possamos dar valor à escalada.

Márcia Tejo

Que estejamos atentos a coisas simples como:

- O carinho que muitas vezes "salva".

- A atenção que muitas vezes "nos alimenta".

- A União que nos "fortalece" a cada dia.

Dia 153/36

Márcia Tejo

A vida começa onde terminam nossos medos!

Márcia Tejo

A cada amanhecer, novas oportunidades sempre aparecem. Que possamos abraçá-las e agradecer!

Dia 154/365

Dizem que tudo
na vida acontece por uma razão.

Sendo assim, que esta razão
seja sempre o motivo da
nossa felicidade!

Márcia Tejo

A vida se encolhe ou se expande na
proporção da nossa coragem,
viva a vida com vida!

Dia 156/365

Dia 157/365

Que possamos
nos tornar, a cada dia,

a mudança que
queremos ver no mundo!

Márcia Tejo

A maior riqueza se encontra
onde nenhum bem material pode alcançar
dentro de cada um de nós.

Permita-se florescer de
dentro para fora!

Dia 159/365

Márcia Tejo

Que sejamos capazes
de soltar tudo o que pesa...

Amarmos tudo o que temos
e agradecer tudo que
está por vir!

Márcia Tejo

Viver a vida com intensidade é encontrar a cada reviravolta uma chance para ser feliz!

Dia 160/365

Dia 161/365

Márcia Tejo

Que a felicidade
possa tomar conta
de cada segundo
da nossa vida!

Márcia Tejo

O que enfeita a vida é a vontade que a gente tem de viver...

Viva a vida com vida!

Dia 162/365

Dia 163/365

*O mundo
está cheio de problemas...*

...Que nós possamos ser solução por onde passarmos!

Márcia Tejo

Que possamos começar nosso dia com energia positiva e a determinação de perseguirmos o nosso sonho!

Dia 164/365

Que saibamos esperar
com leveza e alegria,
pois toda oração
tem resposta...

...Confie e faça sua parte!

Márcia Tejo

É na simplicidade das escolhas
que está a magia da vida!

Dia 166/365

Boas energias se alimentam
de boas energias.

Quanto mais energia positiva...

...mais iluminamos
nossa vida e nosso planeta!

Márcia Tejo

Quando, por qualquer motivo,
seu dia começar ruim.

Lembre-se: hoje é um novo dia!
Mais um presente que estou ganhando!

Dia 169/

Márcia Tejo

Quando não temos mais para onde correr, é que aprendemos a voar...

...e acredite, é a partir desse momento que evoluímos!

Márcia Tejo

Que saibamos que o perfume mais doce será sempre aquele que nosso coração sentir!

Dia 170/365

Dia 171/

Márcia Tejo

Todos nós temos muito potencial
e muita coisa boa a ser compartilhada.
Nossa vida é a história que
escrevemos todos
os dias!

Márcia Tejo

Os grandes feitos são conseguidos não pela força...
Mas pela perseverança!

Dia 172/365

Milagres acontecem
para quem deixa as portas do
coração abertas...

...e pratica o querer bem
sem importar a quem!

Márcia Tejo

"Seja mais você"!
O que carregamos no coração
é o que somos de verdade!

Que saibamos aceitar as pessoas como elas são.
Pois cada um de nós só pode oferecer aquilo que, de fato, tem dentro do coração!

Márcia Tejo

Deixe o coração mandar;
a alma brilhar e a felicidade tomar
conta da sua jornada!

Dia 176/365

Que a vida te reserve sempre as mais lindas surpresas e os caminhos mais floridos!

Márcia Tejo

O amor é a única flor
que cresce e floresce sem a ajuda
das estações do ano!

Dia 178/365

Márcia Tejo

Dia 179/3

Seja sempre essência
em vez de aparência.

É isso que faz a diferença
no mundo!

Márcia Tejo

Dê o que existe de
mais lindo em seu coração...
O amor!!!

Dia 180/365

Cada pensamento positivo
é uma oração silenciosa que
vai mudar a sua vida.

Acredite!

Márcia Tejo

A grama mais verde e
o jardim mais florido são sempre aqueles
que nosso coração rega!

Márcia Tejo

Dia 183/36

Que você preencha seus dias com o que preenche seu coração de alegria!

Márcia Tejo

A nossa vida é um projeto que recomeça todos os dias em forma de milagre...
Receba e a ele agradeça!

Márcia Tejo

Dia 185/366

Afeto é
um bem querer gostoso
dentro de
cada um de nós!

Márcia Tejo

Inspira os teus sonhos...

...E expira tua felicidade!

Dia 186/365

Dia 187/36.

Márcia Tejo

A vida é como
uma estrada de mão única...

Sem possibilidade de volta.

Aproveite cada momento
e curta essa maravilhosa
aventura que é viver!

Márcia Tejo

Não viva somente do que
te faz sentido,
viva do que te faz feliz...

Siga em frente com:

- Paz na alma;

- Amor no coração;

- Gratidão pela vida e

- fé na caminhada.

Márcia Tejo

Não adie sua felicidade,

permita-se ser feliz!

Dia 190/365

Dia 191/365

Márcia Tejo

Contemplar as maravilhas que a natureza nos traz é o melhor alimento para nossa alma...
...Respire e acalme esse coração!

Márcia Tejo

Se você sabe o que
quer colher amanhã, basta observar
o que está plantando hoje!

Dia 192/365

Pode acreditar!

Nada passará em nossa vida

sem um significado!

Márcia Tejo

Quando algo não der certo, saiba que sempre podemos buscar outros caminhos!

Dia 194/365

Acordar

é só o primeiro

milagre do nosso dia!

Márcia Tejo

Atitudes sempre falam a verdade e muito mais alto!!!

Dia 196/365

Dia 197/36

O que ilumina sua vida
é sua luz interior.

Mantenha ela sempre
acesa e intensa!

Márcia Tejo

Quando você acende sua luz interior, não é qualquer coisa que o assusta!!!

Dia 199/36

Márcia Tejo

A vida é medida pelos momentos que nos tiram a respiração!

Márcia Tejo

O que carregamos no coração
é o que somos de verdade!

Dia 200/365

Amar o próximo é
criar o mesmo laço de afeto...

Entre várias almas nas
constantes manhãs!

Márcia Tejo

Que todos os dias sejam ensolarados dentro de nós!

Dia 202/365

Procure ser melhor

do que você mesmo

a cada manhã!

Márcia Tejo

Não queira ter tudo... Apenas aquilo que só precisa e te faz bem!

Dia 205/

Márcia Tejo

A perseverança

quebra todos os obstáculos...

Acredite e persevere!

Márcia Tejo

Suas escolhas vão dizer
para onde você vai!

Dia 206/365

Tudo o que queremos está no outro lado dos nossos medos...

Arrisque-se!

Márcia Tejo

Saiba aceitar as pessoas como elas são...
Cada um de nós só pode oferecer
aquilo que, de fato, tem dentro do coração...

Márcia Tejo

Tudo na vida tem
um lado bom e um lado ruim...

Cabe a você escolher
para qual desses lados

irá olhar!

Márcia Tejo

Cada flor tem seu tempo diferente... Por esse motivo, não tenha pressa de crescer!

Dia 210/365

Respira!
Alma leve!
Mente limpa e
coração em paz!

Márcia Tejo

Aprenda a semear, pois...
O amor não é a semente...
O amor é o semear...

Dia 212/365

Dia 213/36

Márcia Tejo

Aprecie

as coisas simples!

Márcia Tejo

Se queremos o perfume das flores...
Temos que aprender a cultivá-las!

Dia 214/365

Às vezes,
Deus nos guia pelo caminho
mais longo para nos
preparar!

Márcia Tejo

O medo cega os nossos sonhos!

Dia 216/365

Dia 217/36

Seja paciente

para ver crescer e florir

tudo o que vale sua

dedicação.

Márcia Tejo

O segredo da vida não é ter tudo o que você quer, mas amar tudo o que você tem!

Dia 218/365

Dia 219/365

De alguma forma,
os lugares que você vai
acabam se transformando em
uma parte de você!

Márcia Tejo

As melhores respostas,
você encontra através do tempo!

Dia 220/365

Dia 221/365

O amor é a semente da transformação para todas as áreas de sua vida!

Márcia Tejo

Se você não mudar o que faz hoje,
todas as manhãs
serão iguais a ontem!

Dia 223/365

Márcia Tejo

Às vezes, você terá uma queda, mas só você pode decidir se permanecerá caído ou se pegará um impulso.

Márcia Tejo

Toda conquista depende da nossa perseverança, força e, acima de tudo, de nossa fé!

Dia 224/365

Deixe os pensamentos positivos tomarem conta de você e corra atrás dos teus objetivos!

Márcia Tejo

Acredite! Aquilo que você busca também está buscando você!

Dia 226/365

Dia 227/3(

Márcia Tejo

A esperança
é o alimento que nutre a
perseverança!

Márcia Tejo

A grande sacada da vida é saber deixar algumas coisas para trás e seguir em frente!

Dia 228/365

Dia 229/3

Márcia Tejo

Você tem forças
para chegar aonde quiser
e é capaz de realizar
todos os seus sonhos!

Márcia Tejo

Não tenha medo da vida,
tenha medo de não
vivê-la intensamente.

Dia 231/

Marcia Tejo

A vida devolve leveza sempre que oferecermos doçura!

Márcia Tejo

Você não tem limites...

...Suas crenças te limitam!

Márcia Tejo

Se o plano **"A"** não deu certo...

Lembre-se:

O alfabeto
ainda tem uma porção
de outras letras!

Márcia Tejo

Não há batalhas impossíveis de serem travadas quando há perseverança e fé!

Dia 234/365

Dia 235/

Márcia Tejo

Tudo flui, tudo muda,

Nada permanece...

...Aproveite cada

instante que vier...

Márcia Tejo

Pode apostar!
Com paciência e perseverança,
tudo se alcança...

Dia 236/365

Tenha sabedoria e resiliência...

As adversidades
podem ser superadas com
a sua força interior.

Márcia Tejo

Não desista! Pode parecer difícil no começo.
Mas acredite: vai valer muito a pena!

Dia 238/365

Dia 239/.

Márcia Tejo

Deixe o coração mandar.
A alma brilhar e a
felicidade tomar conta
do seu dia!

Márcia Tejo

Ainda que os ventos sejam fortes,
seja grato, pois eles te trazem o pólen...
O que te permite florescer
a cada momento!

Márcia Tejo

Dia 241/36

O seu destino
nunca é um lugar, mas uma
nova maneira de olhar
para as coisas por
outro ângulo!

Márcia Tejo

O essencial é invisível aos olhos
e só pode ser visto com o coração
de cada um de nós!

Dia 242/365

Dia 243/3

Márcia Tejo

Existem lugares tão especiais que dá vontade de ficar para sempre!

Márcia Tejo

Comece seu dia com a alma leve.
O coração tranquilo, sorriso no rosto,
força e fé na sua jornada!

Dia 244/365

Dia 245/365

Aprenda a esperar com leveza e alegria...

Toda oração tem resposta.
Confie e faça sua parte!

Márcia Tejo

Nunca desista porque encontrou um obstáculo. Os desafios são o tempero da vida!

Dê o seu melhor sempre, pois a vida não é encontrar a si mesmo. A vida é criar a si mesmo...

Márcia Tejo

O sol sempre volta a brilhar.
Quem acredita sempre alcança!

Dia 248/365

Mesmo que as chances
forem uma em um milhão...

Lembre-se:
nós precisamos
apenas de uma chance!

Márcia Tejo

Viver a vida com intensidade é encontrar a cada reviravolta uma chance para ser feliz!

Dia 250/365

Quando você não tem mais
para onde correr...

é que você aprende a voar
e pode acreditar...

é a partir desse momento
que você evolui!

Márcia Tejo

Não desista dos seus sonhos. Se você tiver perseverança, pode ter certeza que você terá tudo na vida!

Dia 253/365

Márcia Tejo

Cultive sempre
a esperança...

...Ela vem
sempre vestida de paz!

Márcia Tejo

A sua mente é poderosa quando você começa a mudar seus pensamentos. Acredite mais em você!

Dia 254/365

Dia 255/365

Márcia Tejo

Mesmo com a correria do dia a dia,
reserve pelo menos um instante
para alguém especial
na sua vida...

Isso faz toda diferença!

Márcia Tejo

A vida se expande na proporção da sua coragem!!!

Dia 256/365

Dia 257/36

Márcia Tejo

Acredite!
Além do horizonte, sempre existe
um lugar bonito e tranquilo
para você estar!

Márcia Tejo

Hey! A sua felicidade pode estar no próximo passo!!!

Dia 258/365

A vida não é metas,
conquistas e chegadas...

A vida é sobre quem você se
tornou durante o percurso
que fez durante sua
caminhada!

Márcia Tejo

Há sempre lugar no palco da vitória para guerreiros que jamais desistem após uma queda!

Dia 260/365

Tudo o que vale a pena na vida
dá trabalho para ser conquistado,
por esse motivo,
levante a cabeça e não
esmoreça!

Márcia Tejo

Não se deixe vencer por conta dos obstáculos da vida.
Lembre-se: todos os dias uma pequena conquista e,
no final de tudo, uma vitória!

Dia 263/36

O melhor exercício

para se fortalecer

é rodear sua vida

de coragem!

Márcia Tejo

Se não puder fazer grandes coisas, faça pequenas coisas com tudo o que tem!

Dia 264/365

Dia 265

Marcia Tejo

Deixa a coragem se sobressair aos medos e permita conquistar um universo de coisas boas!

Márcia Tejo

A cada amanhecer, uma nova conquista. E a cada conquista, um novo objetivo!

Dia 266/365

Acredite!
Após uma longa conversa com Deus, o seu medo vira coragem!

Márcia Tejo

Motivação! É aquilo que vem de dentro de cada um e transformamos em ação!

Dia 268/365

Dia 269/

Márcia Tejo

Levante a cabeça!

Vencedor não é aquele que sempre vence...

...É aquele que nunca para de lutar!

Márcia Tejo

Muitas vezes, os dias mais simples são os mais especiais!

Dia 271

Márcia Tejo

Uma hora ou outra, tudo se ajeita e as coisas se colocam nos seus devidos lugares.... portanto, tenha paciência!

Márcia Tejo

Não é toda porta fechada que tem uma tranca. Empurre e teste! Irá se surpreender...

Dia 272/365

Dia 273/3(

Márcia Tejo

É a possibilidade de realizar os nossos sonhos que torna a vida mais e mais interessante!

Márcia Tejo

Que seja infinito tudo aquilo que acalma a tua alma e o teu coração.

Dia 274/365

Não olhe para trás . . .

. . . Não é para lá
   que você está indo!

Márcia Tejo

A vida é tão curta,

tire um tempo e aprecie!

Dia 276/365

Dia 277/36

Evoluir dói, mas depois que você tira de dentro do peito aquilo que adoece a sua alma, acredite...

"Vale muito a pena."

Márcia Tejo

Uma das maiores conquistas de cada um é estar em "paz"!

Dia 278/365

Márcia Tejo

Dia 279/36

Que o medo de falhar
jamais te tire
a vontade de ir em frente
até conseguir!

Márcia Tejo

Acalma a alma! Tudo passa!

Assim como o inverno passa. A semana termina, o sol se põe, o ano acaba!

Então, respire e siga!

Você nunca saberá
a força que tem
até que sua única opção
seja *"que você seja forte"*!

Márcia Tejo

Ame mais... Julgue menos...
Viva mais e reclame menos!
Você é abençoado!

Dia 282/365

Não importa a sua decisão.

Seja ela qual for,

tem que ser

aquela que te faz feliz!

Márcia Tejo

Os grandes desafios são colocados no caminho das pessoas de maior caráter!

Não queira ser melhor que os outros . . .

. . . Deseje ser melhor para os outros!

Márcia Tejo

Comece o dia agradecendo

e vivencie essa experiência incrível!

Dia 286/365

Dia 287/365

Márcia Tejo

Deixe para trás tudo
aquilo que não
te leva para frente
e siga adiante!

Márcia Tejo

Os olhos nunca precisam
de legendas...
...Ouça a voz do teu coração!

Dia 288/365

Márcia Tejo

Às vezes,
depois de tudo dar errado...

...a vida prova que tinha
planos muito melhores
para você!

Márcia Tejo

Faça dos seus sonhos sua meta!

Dia 290/365

Dia 291/36

Muito mais importante
do que amar alguém,
é curtir a própria
companhia!

Márcia Tejo

Hey! A vida é passageira....

Escolha ser simples e feliz!

Dia 292/365

Márcia Tejo

Dia 293/36

A vida só da asas

para quem

não tem medo de voar!

Márcia Tejo

Sempre existe uma razão

para continuar!

Dia 294/365

Que entre os sonhos e a realidade...

...a vida te surpreenda de verdade!

Márcia Tejo

As conquistas vêm quando você aprende a cancelar as desculpas e correr atrás do que te faz sentido e te faz feliz!

Dia 297

Márcia Tejo

Existem rochas que só a paciência e a determinação desconstroem!

Márcia Tejo

Suas escolhas determinarão para que lado você irá... Escolha com sabedoria!

Dia 298/365

Dia 299/

Cerque-se de pessoas que acreditam em você.

Márcia Tejo

Que a felicidade tome conta de cada segundo do seu dia!

Dia 300/365

Dia 301

Márcia Tejo

Acalme esse coração!
Tudo o que semeia,
cedo ou tarde,
você colherá!

Márcia Tejo

A alegria da vida está aí, dentro do seu coração.
Respire e vá ser feliz!

Dia 302/365

Dia 303/

Márcia Tejo

A vida é bela ...

... E você precisa saber que existe sempre algo melhor para você!

Respire e corra atrás dos seus sonhos!

Márcia Tejo

Um gesto de gentileza e amor
pode mudar o dia inteiro
de alguém, tente!

Dia 304/365

Alimente sua fé

e todos os seus medos

morrerão!

Márcia Tejo

Que a luz do amanhecer
te mostre sempre o melhor caminho!

Dia 306/365

Dia 307/365

Márcia Tejo

Cada dia é uma nova oportunidade...

... Celebre e usufrua tudo que a vida te oferece!

Márcia Tejo

Sempre que houver um vazio na tua vida, preencha-o com amor e perceba a diferença!

Dia 308/365

Dia 309/365

Marcia Tejo

Pratique a gratidão até que ela se torne seu estilo de vida!

Márcia Tejo

O hábito de falar com Deus muda seu jeito de falar com as pessoas!

Dia 310/365

Dia 311 /365

E se chover . . .

. . . desperte o sol que existe dentro de você e redobre sua resiliência!

Márcia Tejo

A distância te ensina a valorizar as inúmeras coisas boas que você tem e não valoriza no dia a dia!

Dia 312/365

Márcia Tejo

Dia 313/3

O essencial

é invisível aos olhos

e só é visto

com o coração!

Márcia Tejo

A beleza da vida está na alma
de quem a admira!

Dia 314/365

Dia 315/36

Não se esqueça:
atitudes positivas
transformam sonhos
em realidade!

Márcia Tejo

Ser criança é ter no olhar o brilho do entusiasmo, da pureza e da inocência! Desperte a criança que existe dentro de você!

Dia 316/365

Dia 317/365

Márcia Tejo

Não espere tudo para
aproveitar os bons momentos.

Estes são construídos
por você!

Márcia Tejo

Ser forte é uma condição,

não é uma escolha!

Dia 319/365

Marcia Tejo

Quando alguma coisa perde o sentido, outra coisa ganha!

Márcia Tejo

Você não pode ser perfeito, mas você pode ser melhor sempre!

Dia 320/365

Dia 321 /365

Marcia Tejo

Que a sua fé seja o nosso maior alicerce na busca e realização dos nossos sonhos . . .

Quem acredita sempre alcança!

Márcia Tejo

A primeira revolução é aquela que começa dentro de você!

Dia 322/365

Dia 323/36:

Seja mais você!
O que carregamos
no coração é o que
somos de verdade!

Márcia Tejo

Tenha certeza: os grandes desafios são colocados no caminho das pessoas de maior caráter!

Que o seu bem

faça bem ao outro

também!

Márcia Tejo

Bendita seja a verdade dita;

o abraço sincero e o amor recíproco!

Dia 326/365

Dia 327/365

Viver é olhar
dentro de si mesmo e
descobrir algo que é
chamado de coragem!

Márcia Tejo

Se a luz estiver presente no teu Coração, você sempre encontrará o caminho para tua casa!

Dia 328/365

Dia 329

Márcia Tejo

O maior valor está na simplicidade daquilo que fazemos com amor!

Márcia Tejo

Quem quiser estar ao seu lado sempre dará um jeito de estar por perto de você!

Dia 330/365

A estrada para o sucesso está sempre em construção!

Márcia Tejo

Existem caminhos
que só o amor constrói!

Dia 332/365

Dia 333/

As críticas existem e são feitas, na maioria das vezes, por pessoas incapazes de fazer melhor.

Acredite mais em você!

Márcia Tejo

Muitas vezes, não conseguir o que você quer é uma tremenda sorte!

Dia 335/

Marcia Tejo

A esperança faz
com que você tente e
não desista todos os dias!

Márcia Tejo

O amanhecer nos traz todos os dias uma nova oportunidade de conduzirmos as coisas ainda melhor!

Dia 337/36

Márcia Tejo

Inteligente não é quem sabe para onde ir, mas quem aprendeu para onde não voltar!

Márcia Tejo

Toda oração tem resposta.
Confie e espere!

Dia 338/365

Márcia Tejo

Dia 339/36

Plantamos hoje as sementes do amanhã!

Márcia Tejo

Quando você abençoa a vida . . .

. . . A vida te abençoa!

Dia 340/365

Dia 341 /365

Márcia Tejo

O segredo da força é a vontade!

Márcia Tejo

Sonhos não possuem data de validade, por esse motivo, reaja e vá atrás!

Dia 342/365

Dia 343/365

Em cada grande conquista,

há uma porção de fé

ainda maior!

Márcia Tejo

Tudo é possível
para quem acredita
e tem fé!

Dia 345/3

Márcia Tejo

A sua vida está repleta de segundas chances . . .

. . . Recomeçar
é reconstruir-se
de dentro para fora!

Márcia Tejo

A cada tempestade, nasce uma flor mais forte!

Dia 347/36

A fonte da alegria

não está ao nosso lado.

É preciso buscá-la!

Márcia Tejo

Tudo vale a pena quando se tem a alma grande!

Dia 348/365

Dia 349/365

Marcia Tejo

A sua vida é um projeto que começa todos os dias...

...Construa dando seu melhor sempre!

Márcia Tejo

Que nada atrapalhe teus passos
Que nada te faça perder o sorriso e abale a tua fé
Que você sempre vença os obstáculos e que teus sonhos sejam degraus para teu sucesso

Não existe crescimento sem a dor do aprendizado!

Márcia Tejo

Você só levará desta vida o que está guardado em teu coração!

Dia 352/365

Márcia Tejo

Na vida, é preciso diferenciar os momentos em que devemos virar a página!

Márcia Tejo

A vida é agora,

agradece e vai!

Dia 354/365

Dia 355/366

Márcia Tejo

Não deixe

as incertezas

atrapalharem a sua

felicidade!

Márcia Tejo

Crie seu próprio caminho.

Siga seu coração!

Dia 356/365

Dia 357/365

Márcia Tejo

Na vida, é preciso saber oferecer o que você quer receber!

Márcia Tejo

Quem procura as coordenadas certas jamais se perde no caminho!

Dia 358/365

Dia 359/36

A fé é a chave
que abre
todas as portas!

Márcia Tejo

A vida é para quem é corajoso o suficiente para se arriscar e humilde o bastante para aprender!

Dia 360/365

Dia 361

Márcia Tejo

O importante

não é o que se dá,

mas o amor com

que se dá!

Márcia Tejo

Mude o ângulo
que você enxerga a vida e encontre
vários outros significados!

Ressignificar certas coisas dói, mas é necessário e só nos faz crescer!

Márcia Tejo

Onde você está . . .

. . . não determina o que você é!

Dia 364/365

Dia 365/

Márcia Tejo

O amor é a semente da transformação, para todas as áreas de sua vida!

Agradecimentos

Quero agradecer especialmente a minhas filhas e a todas as pessoas que, no dia a dia, participam ativamente deste projeto acompanhando estas mensagens, compartilhando e as multiplicando.

Sou muito grata a todas as mensagens de retorno, depoimentos, e-mails e feedbacks que acabam inspirando-me a continuar este trabalho e contribuir direta ou indiretamente às pessoas que, por qualquer motivo, acabem passando por mim.

É baseada nos depoimentos do dia a dia que encontro inspiração.
Por fim, agradeço também a todos os que adquirirem e indicarem esta obra, ajudando a prosperar e espalhar este propósito e ajudando mais pessoas a transbordarem o que existe de melhor dentro de cada um.

Márcia Tejo